Hannah Kastenhuber, 1984 in Nürnberg geboren, studierte Germanistik, Italienisch und Geschichte. Mit phantasievollen Gerichten überrascht sie immer wieder gerne ihren Sohn Leo.

Alex Pusch, geboren 1981, arbeitet als freier Fotograf, wobei er sich vor allem der Sport- und People-Fotografie verschrieben hat. Das Lieblingsgericht seiner Tochter Carlotta ist die „bunte Blumenwiese".

Milena Bannehr wurde 2001 in Celle geboren. Sie studiert Design mit den Schwerpunkten Illustration, Typografie und Verbale Kommunikation. Zu diesem Kochbuch hat sie die zauberhaften Illustrationen beigesteuert.

Fotos:
Alex Pusch: alle Rezepte

iStockphoto: SensorSpot (9), Say-Cheese (10), ncogneto (20, 42), Julio Ricco (51), Georgijevic (51), martin-dm (55), fermate (55), Rawpixel (61, 105), Arndt_Vladimir (61), Jamakosy (67), okskukuruza (69), Mikolette (79), golero (89), Arianna de San Jose van Hoof (89).
Shutterstock: Maria Tebriaeva (12).
Adobe Stock: agneskantaruk (79), Thomas Siepmann (108).
photocase: Addictive Stock (69), Laura P (97)

Gestaltung: Tocologo Kommunikationsdesign
Repro: m4p Kommunikationsagentur, Nürnberg
Druck und Bindung: BALTO print, Vilnius, Litauen

ISBN 978-3-946360-71-1

HANNAH KASTENHUBER · ALEX PUSCH

Das NILPFERD IM Quark

MIT ILLUSTRATIONEN VON
MILENA BANNEHR

klein & groß
Verlag

KALT

15

STRAND
17

WARM

16

21

20

SÜSS

Mit Essen spielt man nicht – ODER DOCH?!

Wer Kinder nach ihren Essenswünschen fragt, erhält nicht selten Antworten wie „Nudeln ohne alles" oder „Pommes". Die darauf folgenden Warnungen vor Vitamin- und Nährstoffmangel lassen die kleinen Nudelfans dabei völlig unbeeindruckt. Was also macht man? Man kann sich zum Beispiel an die alte Erkenntnis erinnern, dass das Auge mitisst. Und dass es Kinderaugen gerne bunt und verspielt haben. Wenn sich Ei, Gurke, Karotte und Oliven zum Clownskopf formieren, wird Rohkost zum Kinderspaß. Und der reichhaltig gefüllte Tortilla-Tausendfüßler schmeckt nicht nur besser als blanke Nudeln, er sieht einfach auch lustiger aus.
41 witzige Rezeptideen finden sich in diesem etwas anderen Kochbuch für Eltern und Kinder. Und weil die Zubereitung der Gerichte einfach ist und die Rezeptanleitungen aus vielen Bildern und wenigen Worten bestehen, können die kleinen Feinschmecker beim Zubereiten in der Küche tatkräftig mitmischen.
„Das Nilpferd im Quark" bringt Abwechslung in den Familien-Speiseplan, und es liefert Anregungen, wie Geburtstagspartys und andere Kinderfeste kulinarisch aufgepeppt werden können.

VIEL VERGNÜGEN *und* GUTEN APPETIT!

Knackige MONSTER

1

ZUTATEN: 150 Gramm Brokkoli, ½ rote Zwiebel, 2 Esslöffel Olivenöl, 50 Gramm Cashewkerne, 15 Gramm Petersilie, 10 Gramm Dill, ½ Beet Gartenkresse, 4 Esslöffel Frischkäse, Salz, Pfeffer, Weißbrot, Radieschen, Salatgurke, Blaubeeren

1. Brokkoli in Röschen teilen und 3 Minuten in Salzwasser garen

2. Zwiebel in Würfel schneiden

in 1 Esslöffel Öl glasig dünsten

Cashewkerne anrösten

3. Brokkoli

1 Esslöffel Öl

geröstete Cashewkerne

Petersilie

Dill

Frischkäse

alles pürieren

Kresse unterrühren

mit Salz und Pfeffer würzen

4. Brot mit Brokkolicreme bestreichen

mit Gurkenscheiben, halbierten Radieschen und Blaubeeren verzieren

Ahoi, kleines SCHIFF!

2

ZUTATEN: 1 reife Avocado, 2 Tomaten, 2 Esslöffel Zitronensaft, 120 Gramm Joghurt, Salz, Pfeffer, Grissini-Stangen, Tortilla-Chips

Avocado grob zerdrücken

Tomaten würfeln

Zitronensaft

Joghurt

Salz

Pfeffer

alles verrühren

Avocado-Tomaten-Masse in Avocado-Schale füllen

Grissini und Tortilla-Chips (= Segel)

Neugierige MÄUSE

3

ZUTATEN: 250 Gramm Kartoffeln, 400 Gramm Mehl, ½ Würfel Hefe, 2–3 Zweige Rosmarin, 1 Esslöffel Zucker, 1 Esslöffel Öl, je 1 Teelöffel Salz zum Kochen und für den Teig, Oliven

1.

Kartoffeln in Salzwasser kochen → Kartoffeln stampfen

2.

Hefe in 150 Milliliter warmem Wasser auflösen + Mehl + Prise Salz + gestampfte Kartoffeln + gehackter Rosmarin +

Öl + Zucker → alles verkneten → einige Stunden gehen lassen

3.

Teig zu Kugeln formen + Augen aus Oliven schneiden → 200 Grad, 15–20 Minuten

+ = 2
+ = 2
+ = 1

Geniale ROBOTER

4

ZUTATEN: 60 Gramm Walnüsse, 1 Birne, 150 Gramm Ziegenfrischkäse, 4 Stiele Thymian, Honig, Salz, Pfeffer, Weintrauben, Vollkornbrot

1.

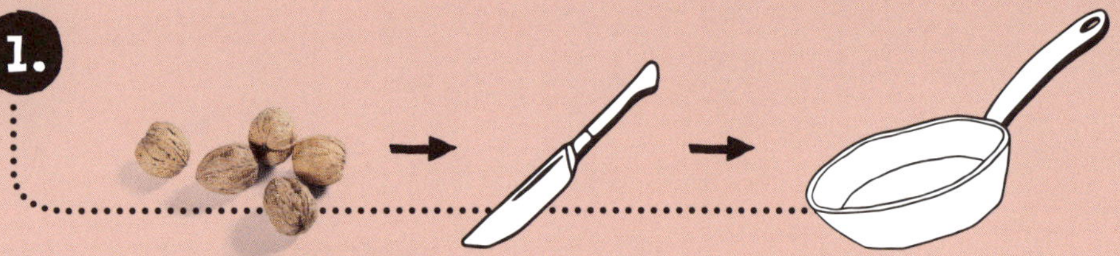

Walnüsse (zwei zurückbehalten!) hacken

in einer Pfanne ohne Fett rösten

2.

½ Birne in Würfel schneiden

Frischkäse

Thymian

Honig

Salz

Pfeffer

alles vermischen

3.

Frischkäse-Mischung aufs Brot streichen

aus Weintrauben, Birne und Walnüssen Roboter-Gesichter schneiden und aufs Brot legen

Flinker TAUSENDFÜẞLER

5

ZUTATEN: 2 große Tortilla-Wraps, 200 Gramm geräucherter Lachs, 100 Gramm Frischkäse, 1 Esslöffel Zitronensaft, 3 Esslöffel Dill, 1 Tomate, 1 rote Paprika, 1 gelbe Paprika, 1 grüne Olive, Salz, Pfeffer

1.

Dill hacken — Tomate würfeln — gelbe Paprika in Streifen schneiden — aus roter Paprika Zunge schneiden, den Rest würfeln

2.

Dill — Frischkäse — Zitronensaft — Salz — Pfeffer — alles verrühren — Wrap bestreichen

3.

Wrap — Lachs — rote Paprikawürfel — Tomatenwürfel — Wrap rollen

in 6–8 Stücke schneiden — gelbe Paprika (= Beine) — rote Paprika (= Zunge) — Olive (= Augen)

Munteres KÜKEN

6

ZUTATEN: 4 Eier, 120 Gramm Thunfisch, 40 Gramm Mayonnaise, 2 Esslöffel Zitronensaft, Salz, Pfeffer, 1 Karotte, Schnittlauch, Pfefferkörner

1.

Eier etwa 10 Minuten kochen

Eier schälen, halbieren und Eigelb herauslösen

2.

Thunfisch + Eigelb + Mayonnaise + Zitronensaft + Salz +

Pfeffer → alles vermengen → in die Eiweiß-Hälften füllen

3.

Karotte (= Sonne, Beine, Schnabel) → + Schnittlauch (= Wiese) + Pfefferkorn (= Auge) → alles auf Teller legen

Gefräßiger WOLF

7

ZUTATEN: 100 Gramm Oliven + 1 Olive zum Verzieren, 1 Esslöffel Kapern, 1 Esslöffel Pinienkerne, 1 Esslöffel Tomatenmark, 3 Esslöffel Olivenöl, Pfeffer, 1 Teelöffel italienische Kräuter, Toastbrote, 2–3 Scheiben Schinken, gehobelte Mandeln

1.

Oliven + Kapern + Pinienkerne + Tomatenmark + Olivenöl +

Pfeffer + italienische Kräuter → alles pürieren

2.

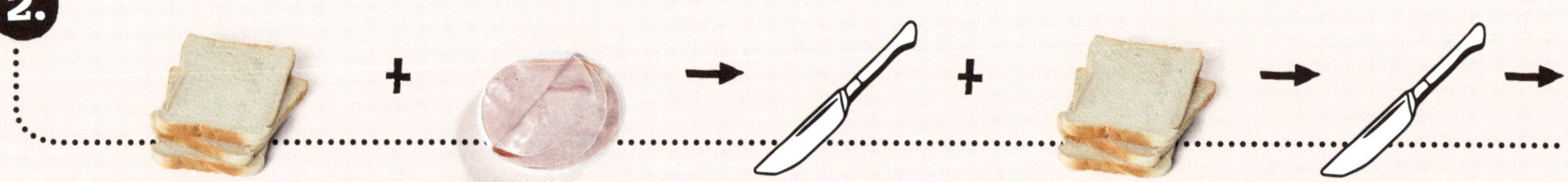

Schweineköpfe aus Toastbrot schneiden, mit Schinken belegen → Wolfskopf aus Toastbrot schneiden →

Olivenpaste auf Toastbrot streichen + gehobelte Mandeln, Olive und Schinken (= Augen, Zähne, Schnauzen, Zunge)

8

Flatternder MARIENKÄFER

ZUTATEN: 3 Tomaten, 1 Kugel Mozzarella, ½ kleine Zwiebel, 1 Esslöffel Tomatenmark, 1 Teelöffel italienische Kräuter, 1 Esslöffel Olivenöl, Salz, Pfeffer, schwarze Oliven, etwas Schnittlauch, Salatblatt, Brötchen

Hungriges NILPFERD

9

ZUTATEN: 500 Gramm Quark, Salz, Pfeffer, 1 Esslöffel Schnittlauch + etwas Schnittlauch zum Verzieren, 1 Esslöffel Dill, 2 Esslöffel Milch, 2 große Kartoffeln, 1 geschälte Mandel, 2 Pfefferkörner

Witziger CLOWN

10

ZUTATEN: 4 Eier, 2 Karotten, 1 Salatgurke, ½ rote Paprika, 20 Gramm frischer Blattspinat, 4 schwarze Oliven, Schnittlauch, Salz, etwas Öl

1.

Eier in etwas Öl anbraten

2.

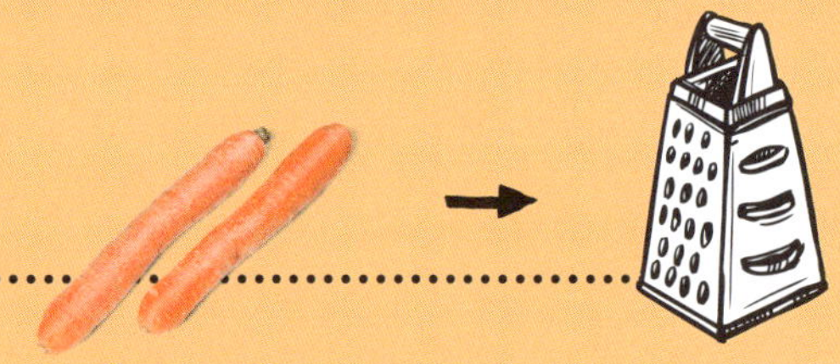

Karotten raspeln

3.

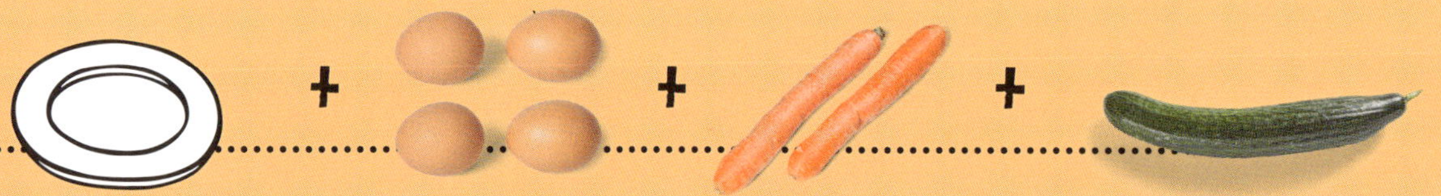

Spiegeleier auf Teller legen

Karotten (= Haare)

Gurkenscheiben (= Hut)

4.

Paprika (= Mund)

Spinat und Olive (= Fliege)

Schnittlauch und Olive (= Augen)

11

Leckerer TANNENBAUM

ZUTATEN: 1 Packung Blätterteig, 150 Gramm gekochter Schinken, 1 Ei, 5 Stiele Thymian, 1 roter Apfel, Schaschlikspieße, kleiner Ausstecher in Sternform

1.

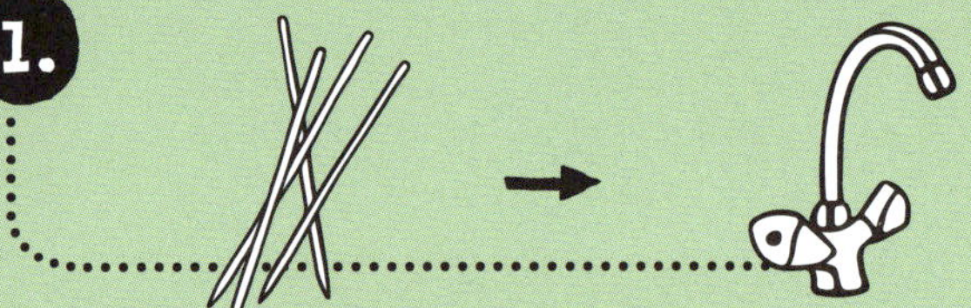

Schaschlikspieße in Wasser einweichen und anschließend trockentupfen

2.

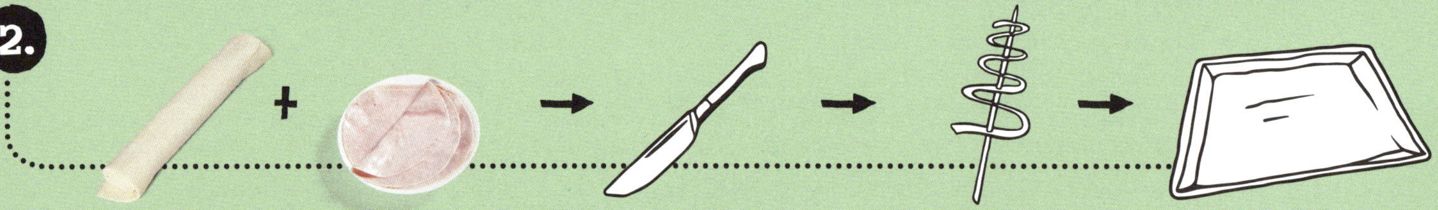

Blätterteig mit Schinken belegen

Blätterteig quer in etwa 2 Zentimeter breite Streifen schneiden

Teig-Schinken-Streifen schlangenförmig auf Spieß stecken

auf ein mit Backpapier ausgelegtes Backblech legen

3.

Ei verquirlen

Teig mit Ei bestreichen

200 Grad, 12–14 Minuten

4.

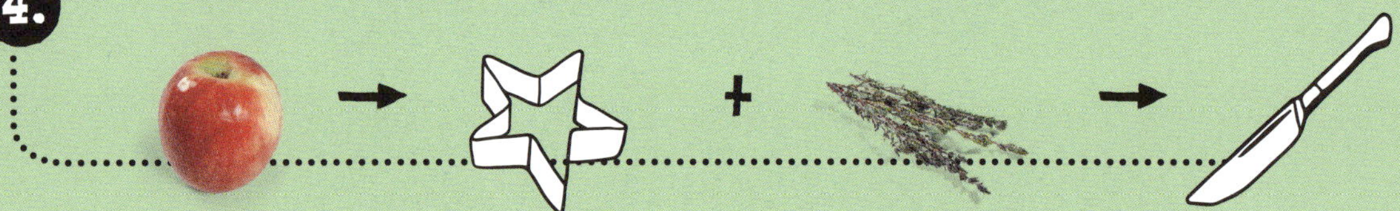

Sterne ausstechen und auf die Spieße stecken

Thymian hacken und Bäume bestreuen

Sprechende BURGER

12

ZUTATEN: 300 Gramm Rinderhackfleisch, 1 Teelöffel Zwiebelgranulat, Salz, Pfeffer, ½ Tomate, etwas Öl, 1 Scheibe Burgerkäse, 2 Burgerbrötchen, Ketchup, 2–3 Blätter Eisbergsalat, ¼ Salatgurke, 2 Oliven, Burgergurke, ein Stück rote Paprika, Zahnstocher

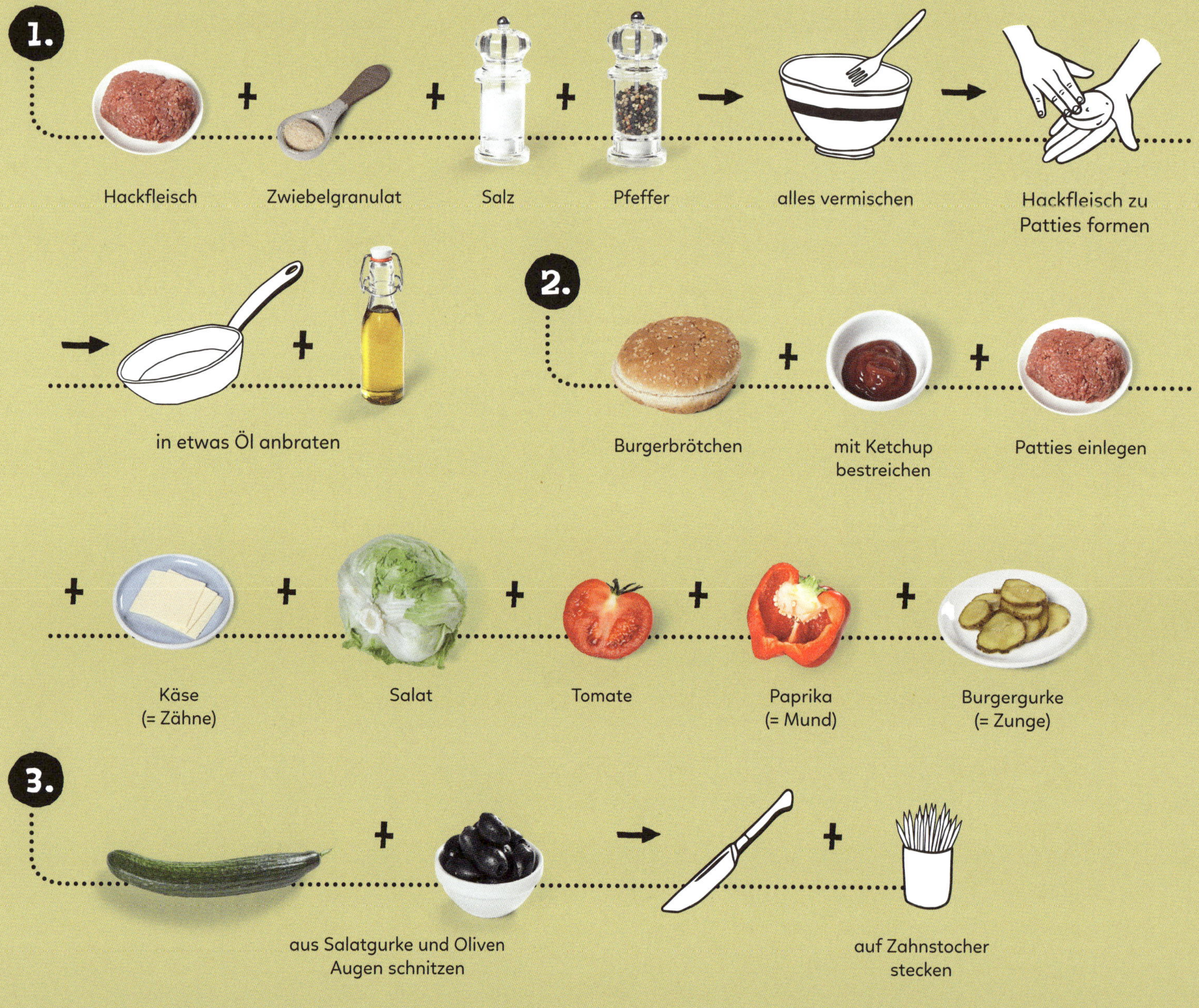

BUH!
HUH!

Rasende HOTDOGS

13

ZUTATEN: 4 Wiener Würstchen, 4 Hotdog-Brötchen, 2 Zwiebeln, 50 Gramm Mehl, 50 Milliliter Öl, 2 Gewürzgurken, 4 Esslöffel Remoulade, 4 Esslöffel Ketchup, 4 Esslöffel Senf, 1 Salatgurke, 1 Karotte, Zahnstocher

1.

Zwiebeln in Ringe schneiden → in Mehl wenden → in Öl anbraten und auf Küchenkrepp abtropfen lassen

2.

Wasser → Würstchen etwa 5 Minuten ziehen lassen

3.

Hotdog-Brötchen + Remoulade + Würstchen + Gewürzgurken + Senf + Ketchup + geröstete Zwiebeln

4.

Salatgurke und Karotte in Scheiben schneiden → Zahnstocher durch das Brötchen schieben, Gurken- und Karottenscheiben aufspießen

Lachende PIZZA

14

ZUTATEN: 500 Gramm Mehl, 10 Gramm Hefe, 1 Dose geschälte Tomaten, 1 Knoblauchzehe, 1 Esslöffel Oregano, 200 Gramm Pizzakäse, Salz, Pfeffer, Belag nach Wahl (zum Beispiel Schinken, Salami, Mais, Brokkoli, Paprika, Zwiebeln, Zucchini)

1.

Mehl + Prise Salz + Hefe + Wasser → alles vermischen, etwa 10 Minuten kneten → Teig abgedeckt über Nacht im Kühlschrank ruhen lassen

2.

Teig in 3 Portionen teilen → Teig 2–3 Stunden gehen lassen

3.

Dosentomaten + Knoblauch + Oregano + Salz + Pfeffer → alles pürieren

4.

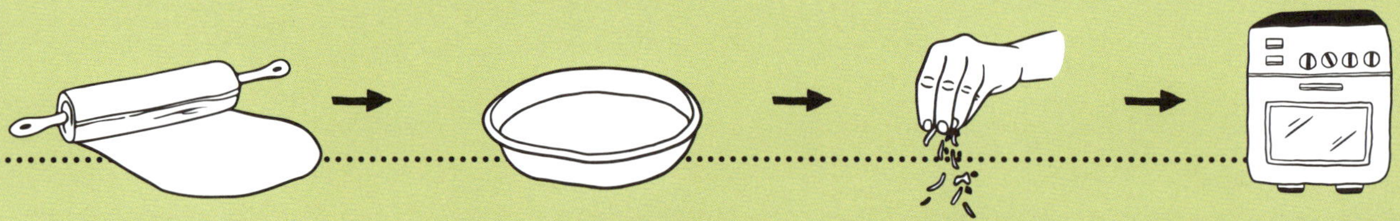

Teig dünn ausrollen → Teig auf Pizzablech legen und am Rand festdrücken → Tomatensoße, Käse und Belag verteilen → 240 Grad, 10–12 Minuten

PIZZA
Originale
PIZZA
PIZZA
PIZZA
PIZZA
Originale
PIZZA
PIZZA

Versponnene KÜRBISSUPPE

15

ZUTATEN: 800 Gramm Kürbis, 300 Gramm Karotten, 1 große Zwiebel, 200 Gramm Kartoffeln, 2 Esslöffel Butter, 700 Milliliter Brühe, 400 Milliliter Kokosmilch, 100 Milliliter Orangensaft, Salz, Pfeffer, Currypulver, 1 Esslöffel Crème fraîche

1.

Kürbis, Zwiebel, Karotten und Kartoffeln klein würfeln

in Butter etwa 5 Minuten anbraten

2.

Gemüsebrühe

Orangensaft

Kokosmilch

20 Minuten köcheln lassen

alles pürieren

3.

mit Salz, Pfeffer und Currypulver abschmecken

4.

Suppe auf Schüsseln verteilen

Crème fraîche und 1 Teelöffel Wasser verrühren

mit Löffel Spinnennetz zeichnen

16

Bunte BLUMENWIESE

ZUTATEN: 400 Gramm Mehl, ½ Würfel Hefe, 1 Prise Zucker, Salz, 50 Milliliter Olivenöl, Gemüse und Kräuter zum Belegen (zum Beispiel grüner Spargel, rote Zwiebel, Tomate, Paprika, Lauchzwiebel, Oliven, Schnittlauch, Rosmarin)

1.

Mehl + Zucker + Salz + Hefe → alles verrühren + etwas Olivenöl

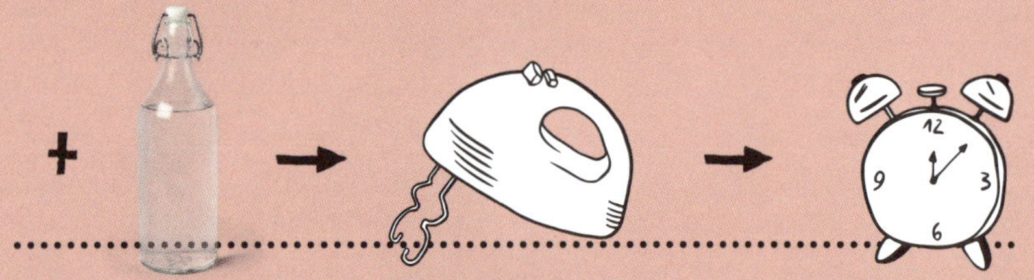

+ Wasser → zu einem glatten Teig kneten → zugedeckt 60 Minuten ruhen lassen

2.

Teig auf Backpapier flach drücken + etwas Olivenöl + Salz + grüner Spargel + rote Zwiebel + Paprika

+ Tomate + Lauchzwiebeln + Olive + Rosmarin + Schnittlauch → 180 Grad, etwa 25 Minuten

17

Glückliche STRANDLÄUFER

ZUTATEN: 1 Apfel, ½ Zwiebel, 400 Gramm Sauerkraut, 200 Milliliter Gemüsebrühe, 1 Esslöffel Zucker, Salz, Pfeffer, etwas Öl, 10 kleine Bratwürstchen, 4 Kaiserbrötchen, 1 Esslöffel Frischkäse, Pfefferkörner

1.

Zwiebel und Apfel würfeln

in Öl dünsten, mit Zucker abschmecken

2.

Sauerkraut

Gemüsebrühe

Salz

Pfeffer

etwa 30 Minuten köcheln lassen

3.

Öl

Bratwürste anbraten

Bratwürste halbieren

Würste in Brötchen stecken

Frischkäse und Pfefferkörner (= Augen)

STRAND

Wildes LAGERFEUER

18

ZUTATEN: 800 Gramm Kartoffeln, 1 Esslöffel Butter, 200 Milliliter Milch, 1 Prise Muskat, Salz, Pfeffer, 14 Fischstäbchen, 1 gelbe und 1 rote Paprikaschote, etwas Öl

1.

Salzwasser zum Kochen bringen

geschälte Kartoffeln dazugeben, 20 Minuten garen, abgießen

2.

Kartoffeln, Milch und Butter im Topf erhitzen

Kartoffeln stampfen

mit Salz, Pfeffer und Muskat abschmecken

3.

Fischstäbchen anbraten

4.

Kartoffelbrei auf Teller geben

Fischstäbchen (= Holzscheite)

Paprika (= Flammen)

Kuscheliges VOGELNEST

19

ZUTATEN: 400 Gramm gemischtes Hackfleisch, 2 Stiele Petersilie, 1 weiße Zwiebel, 1 Ei, 2 Esslöffel Senf, 1 Esslöffel Semmelbrösel, 150 Milliliter Rinderbrühe, 150 Milliliter Sahne, etwas Butter, etwas Öl, Salz, Pfeffer, 1 kleine Karotte, 1 Teelöffel Frischkäse, 300 Gramm Spaghetti, Pfefferkörner

1.

Petersilie und Zwiebel fein hacken

2.

Hackfleisch + Ei + ½ Zwiebel + Petersilie + Semmelbrösel +

1 Esslöffel Senf + Salz + Pfeffer → alles verkneten

3.

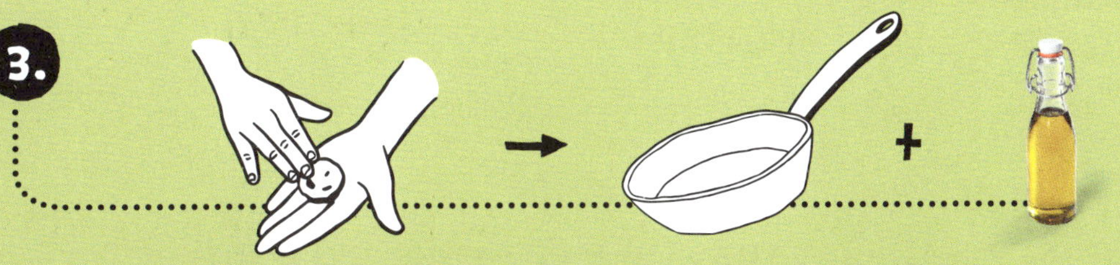

aus der Hackfleisch-Mischung Bällchen formen → in Öl anbraten

→

4.

Wasser Salz Spaghetti kochen

5.

restliche Zwiebel in Butter anbraten

Rinderbrühe, Sahne, 1 Esslöffel Senf
und Pfeffer hinzufügen

Spaghetti, Fleischbällchen und Soße
auf Teller verteilen

6.

Karotte
(= Schnäbel)

Frischkäse und Pfefferkörner
(= Augen)

Verhüllte MUMIEN

20

ZUTATEN: 250 Gramm Mehl, 10 Gramm Hefe, 20 Gramm Zucker, 2 Eier, Salz, 2 Esslöffel Öl, 8 Wiener Würstchen, 1 Esslöffel Frischkäse, Pfefferkörner

1.

Hefe in 100 Milliliter warmem Wasser auflösen

5 Minuten gehen lassen

2.

Zucker

Prise Salz

Mehl

alles vermischen

3.

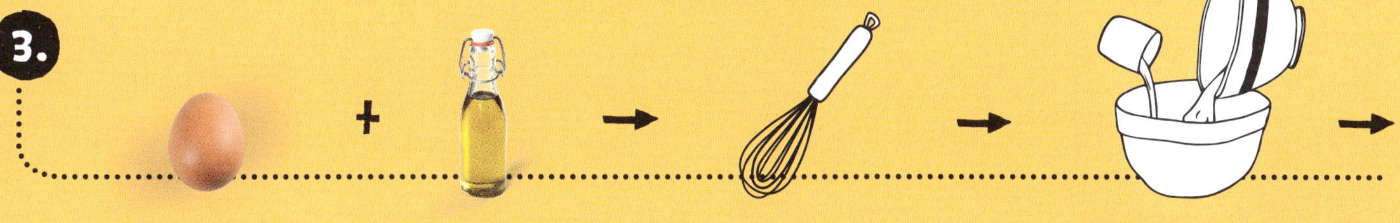

1 Ei

Öl

verquirlen

Ei-Öl-Mischung mit Hefe und Mehlmischung verrühren

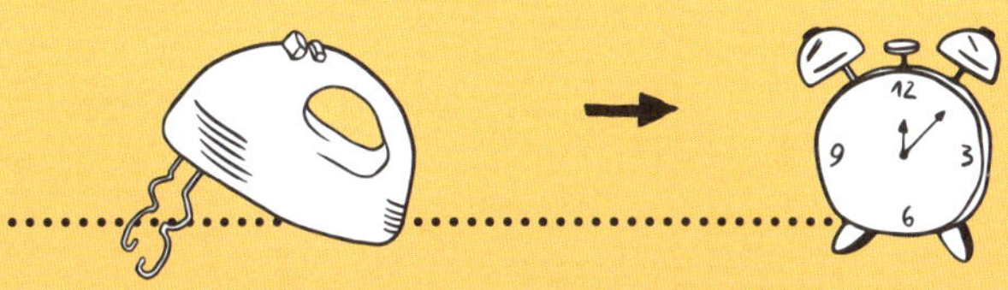

kneten, bis der Teig geschmeidig ist

mit feuchtem Geschirrtuch abdecken, etwa 1 Stunde gehen lassen

4.

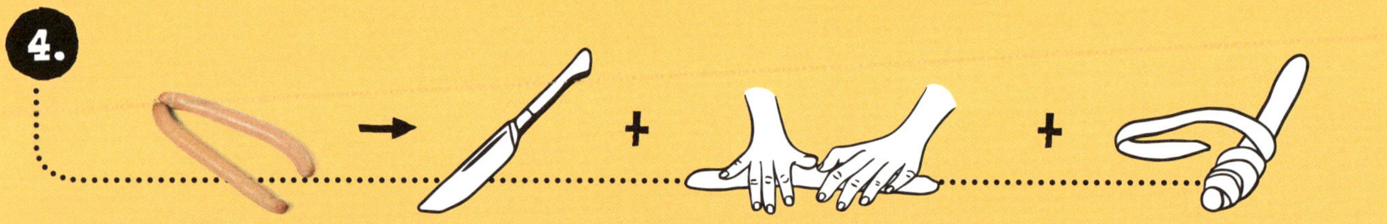

Würstchen halbieren → + Teig zu dünnen Würsten ausrollen + Würste mit Teig umwickeln

5.

1 Ei verquirlen → Teig mit Ei bestreichen → 200 Grad, 12–14 Minuten

→ sobald die Würstchen nicht mehr heiß sind, Augen aus Frischkäse und Pfefferkörnern formen

Lockige DAME

21

ZUTATEN: 1 Dose Thunfisch, 1 ½ Dosen stückige Tomaten, 1 kleine Zwiebel, 40 Gramm Oliven + 2 Oliven zum Verzieren, 1 Esslöffel Kapern + eine Kaper zum Verzieren, 2 Esslöffel Olivenöl, 1 Teelöffel italienische Kräuter, Zucker, Salz, Pfeffer, 1 Esslöffel Frischkäse, Spaghetti

1.

Zwiebel würfeln – in Öl anbraten – 1 ½ Dosen stückige Tomaten – Thunfisch – Oliven

einige Minuten köcheln lassen – Kapern – italienische Kräuter – Zucker – Salz – Pfeffer

2.

Wasser – Salz – Spaghetti kochen – Spaghetti abgießen

mit der Soße vermengen – Nudeln auf den Teller geben – Frischkäse, Kaper und Oliven (= Augen und Nase)

Schaurige MONSTER

22

ZUTATEN: 2 Paprikaschoten, 1 Zwiebel, 80 Gramm Langkornreis, 1 Lauchzwiebel, 200 Gramm gemischtes Hackfleisch, 2 Esslöffel Tomatenmark, 1 Dose stückige Tomaten, etwas Olivenöl, Majoran, Oregano, Salz, Pfeffer, Zucker

1.

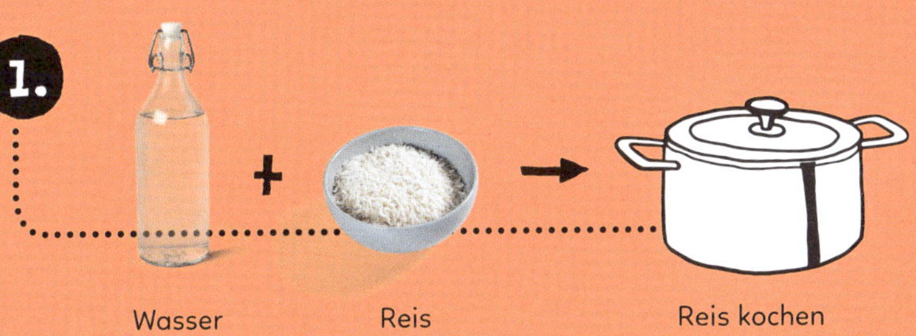

2.

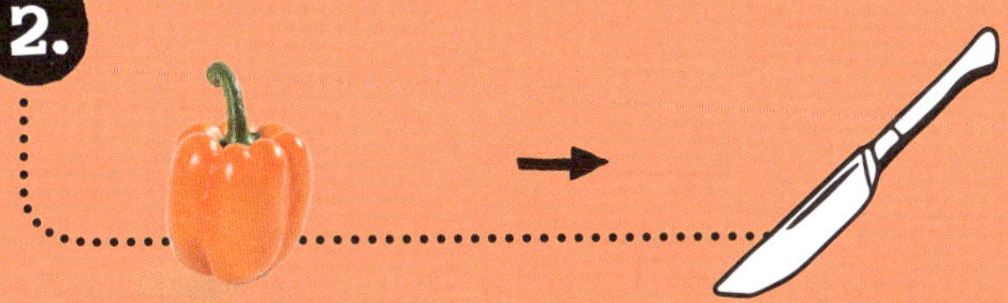

oberes Viertel der Paprikaschoten abschneiden, alles entkernen und Gesichter hineinschneiden

3.

4.
Öl
½ Zwiebel im Topf anbraten
⅔ Dosentomaten
Salz
Pfeffer
Oregano
Prise Zucker
gefüllte Paprika und Soße:
180 Grad, etwa 30 Minuten

Vergnügte SCHAFE

23

ZUTATEN: 4 Kartoffeln, 1 Blumenkohl, 1 Zwiebel, 1 Esslöffel Butter, 1 Esslöffel Mehl, 200 Milliliter Gemüsebrühe, 200 Milliliter Sahne, 100 Gramm geriebener Mozzarella, Salz, Pfeffer, Muskat, ½ Bund Schnittlauch, Pfefferkörner, etwas Öl

1.

Kartoffeln in Salzwasser kochen — Blumenkohl in Salzwasser dünsten

2. **3.**

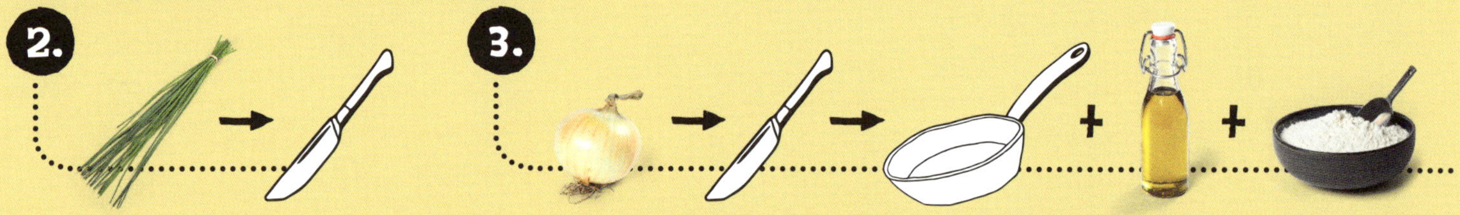

Schnittlauch hacken — Zwiebel würfeln — in Öl glasig schwitzen — mit Mehl bestäuben

Gemüsebrühe — Sahne — unterrühren und 10 Minuten einkochen — Mozzarella — Salz — Pfeffer — Muskat

4.

Soße auf Teller geben — Kartoffeln — Blumenkohl — Pfefferkörner (= Augen) — Schnittlauch

24

Würzige BUCHSTABENSUPPE

ZUTATEN: 1 Stange Lauch, 1 Zwiebel, 1 Karotte, ¼ Sellerie, ½ Bund Petersilie, 1 Liter Gemüsebrühe, 2 große Kartoffeln, 1 Prise Muskat, Salz, Pfeffer, etwas Öl, Ausstecher in Form von Buchstaben und Sternen

1.

Lauch + Zwiebel + Sellerie + Petersilie → alles klein schneiden

2.

Zwiebel + Lauch + Sellerie → für einige Minuten in Öl anschwitzen + Gemüsebrühe hinzugeben

3.

aus Kartoffeln Buchstaben ausstechen + aus Karotten Sterne ausstechen →

in der Brühe köcheln lassen, bis die Kartoffeln gar sind + Muskat + Salz + Pfeffer + Petersilie

LEO

Übermütiger HAHN

25

ZUTATEN: 220 Gramm Mehl, 60 Gramm Butter, 2 Eier, Salz, 1 Zwiebel, 80 Gramm Mais, 100 Gramm Champignons, 1 rote Paprika, 3 Esslöffel Tomatenmark, Olivenöl, Zucker, Pfeffer, Paprikapulver, 1 Karotte, 50 Gramm Rucola

1.

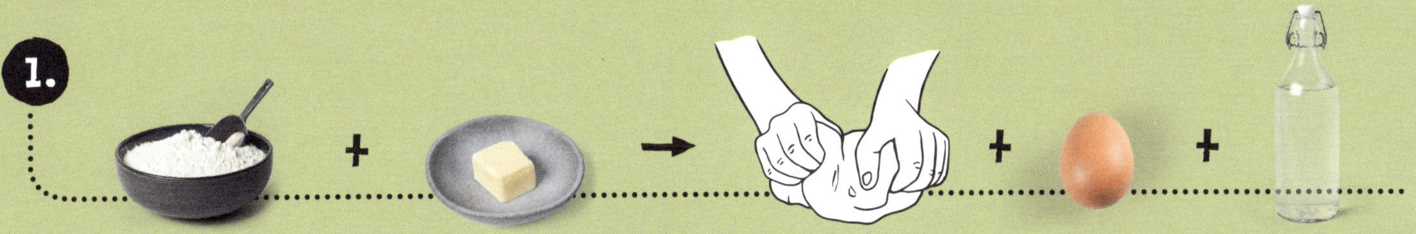

Mehl + Butter → krümelig kneten + 1 Ei + 60 Milliliter Wasser

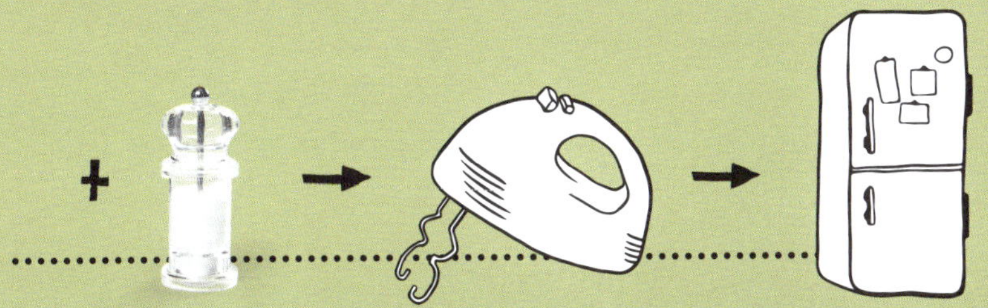

\+ Prise Salz → zu einem glatten Teig verkneten → etwa 30 Minuten in den Kühlschrank stellen

2.

Zwiebel + Champignons + ½ rote Paprika + ½ Karotte → klein würfeln → alles in Öl anbraten

\+ Mais + Tomatenmark + Zucker + Paprikapulver + Pfeffer + Salz

→

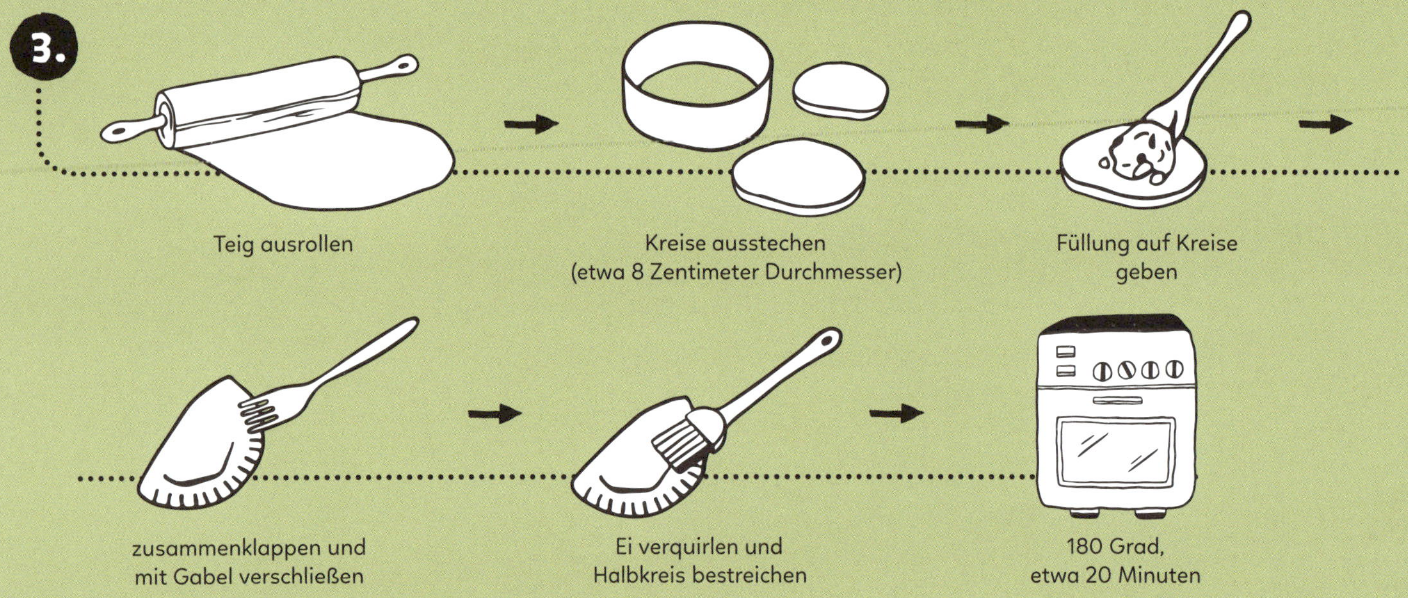
3.
Teig ausrollen
Kreise ausstechen
(etwa 8 Zentimeter Durchmesser)
Füllung auf Kreise
geben
zusammenklappen und
mit Gabel verschließen
Ei verquirlen und
Halbkreis bestreichen
180 Grad,
etwa 20 Minuten

4.
Paprika
(= Schnabel und Kamm)
½ Karotte und Rucola
(= Misthaufen)

Lustiger FROSCHKÖNIG

26

ZUTATEN: 3 Eier, 30 Gramm Parmesan, 3 Esslöffel Mineralwasser, 1 ½ Esslöffel gehackte Petersilie, Salz, Pfeffer, etwas Öl, Kresse, 1 Stück Salatgurke, je 1 Stück orangefarbene und rote Paprika, 1 Cocktailtomate, 2 Blaubeeren

1.

2.

Wilde AFFEN

27

ZUTATEN:

3 Bananen, 2 Eier, 200 Gramm Mehl, 80 Gramm brauner Zucker, 50 Gramm weißer Zucker, 100 Gramm zartbittere Schokotröpfchen, 80 Milliliter Pflanzenöl, ½ Päckchen Backpulver, Salz, Vollmilchkuvertüre, braune Schokolinsen, Zuckeraugen, Brauseoblaten, braune Schokoschrift

1.

Bananen zerdrücken + Eier + weißen und braunen Zucker + Öl → alles verrühren

2.

Mehl + Backpulver + Prise Salz + Schokotröpfchen → alles verrühren, dann Bananen-Eier-Mischung unterrühren

3.

Teig in Muffinform füllen → 180 Grad, 20 Minuten

4.

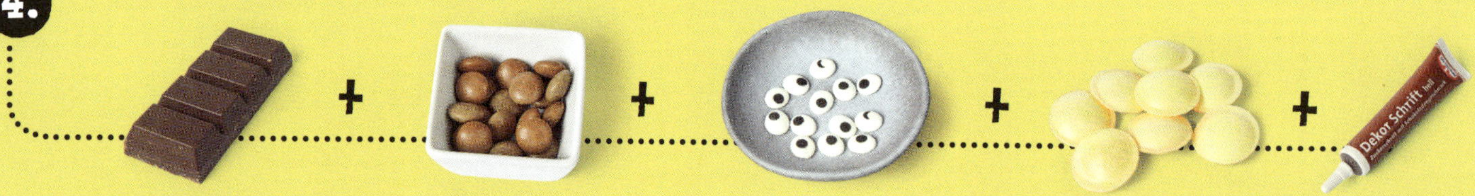

Kuvertüre schmelzen und auf Muffins pinseln + Schokolinsen (= Ohren) + Zuckeraugen + Brauseoblaten und Schokoschrift (= Schnauze)

Löwenstarker QUARK

28

ZUTATEN: 250 Gramm Quark, 2 Bananen, 2 Esslöffel Zitronensaft, 2 Esslöffel Zucker, 1 Päckchen Vanillezucker, 80 Milliliter Sahne, 1 Mango, 1 Birne, 1 Blaubeere, 1 Erdbeere, 1 Esslöffel Raspelschokolade

1.

1 ¾ Bananen pürieren

mit Quark vermischen

2.

Zitronensaft

Zucker

Vanillezucker

mit Bananen-Quark verrühren

3.

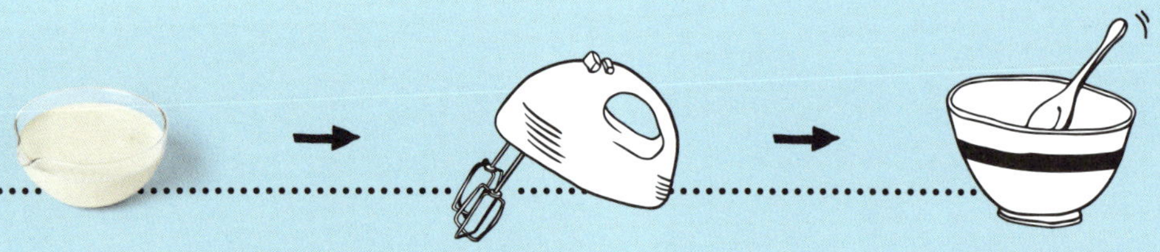

Sahne steif schlagen

unter Bananen-Quark rühren

4.

Banane und Blaubeere (= Augen)

Mango (= Mähne)

Birne, Erdbeere und Raspelschokolade (= Schnauze)

Banane (= Ohren)

Sportliche MUFFINS

29

ZUTATEN: 2 Eier, 130 Gramm Butter, 200 Gramm Joghurt, 250 Gramm Mehl, 2 Teelöffel Backpulver, 120 Gramm Zucker, 1 Teelöffel abgeriebene Zitronenschale, Salz, 50 Gramm Puderzucker, 100 Gramm Kokosraspel, grüne Lebensmittelfarbe, Fußbälle aus Zuckerguss

1.

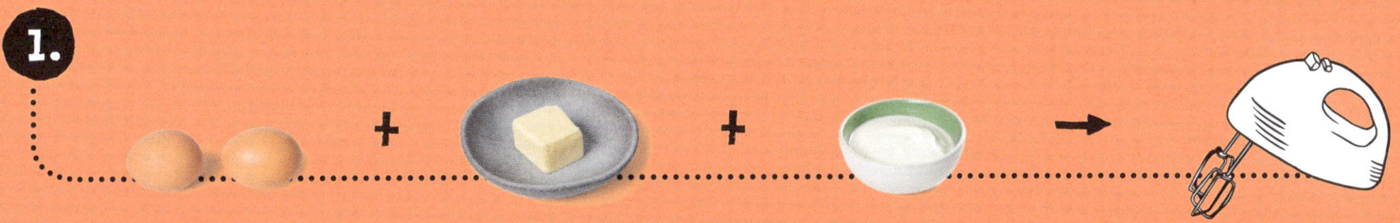

Eier + Butter + Joghurt → alles verrühren

2.

Mehl + Backpulver + Zucker + Zitronenschale

\+ Prise Salz → alles vermischen → mit Eier-Butter-Joghurt-Mischung verkneten

3.

Teig in Muffinform füllen → 180 Grad, etwa 20 Minuten

4.

Kokosraspel + grüne Lebensmittelfarbe → mischen

5.

Puderzucker + Wasser → mischen → Glasur auf Muffin streichen

→ grüne Kokosraspel daraufstreuen + mit Zuckerguss-Fußball verzieren

Süßer MEERESBEWOHNER

30

ZUTATEN: 2 Eier, 150 Gramm Mehl, ½ Päckchen Backpulver, Salz, 1 Esslöffel Zucker, 150 Milliliter Milch, 2 Esslöffel Butter, Banane, grüner Apfel, Blaubeeren, Erdbeeren

1.

2 Eigelb + Mehl + Backpulver + Prise Salz + Zucker + Milch → alles verrühren

2.

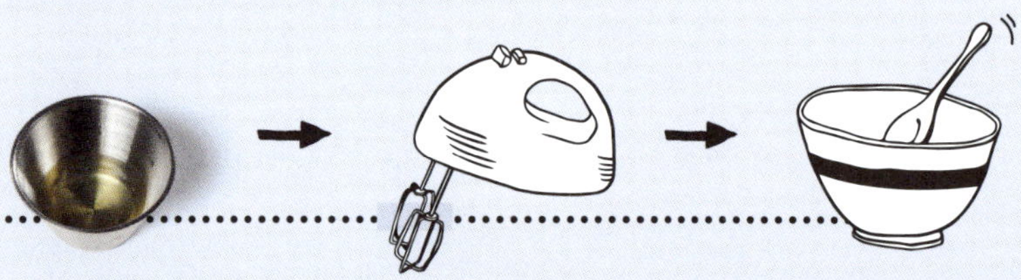

2 Eiweiß → steif schlagen → unter die Teigmasse heben

3.

Butter in die Pfanne geben → Pancakes von jeder Seite etwa 2 Minuten backen

4.

Banane (= Schuppen) + Erdbeeren (= Flossen) + Apfel (= Algen) + Blaubeeren (= Luftblasen)

Rasante RENNSCHNECKEN

31

ZUTATEN: 250 Gramm Quark, 120 Gramm Zucker, 1 Päckchen Vanillezucker, 1 Ei, 120 Milliliter Öl, 400 Gramm Mehl, 1 Päckchen Backpulver, Salz, Zuckeraugen, Schoko-Sticks, 50 Gramm Puderzucker, Zuckerperlen

1.

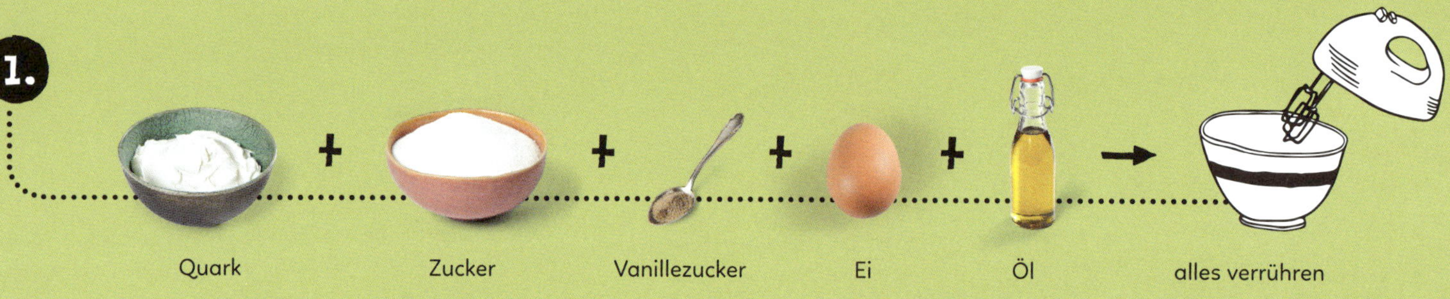

2.

3.

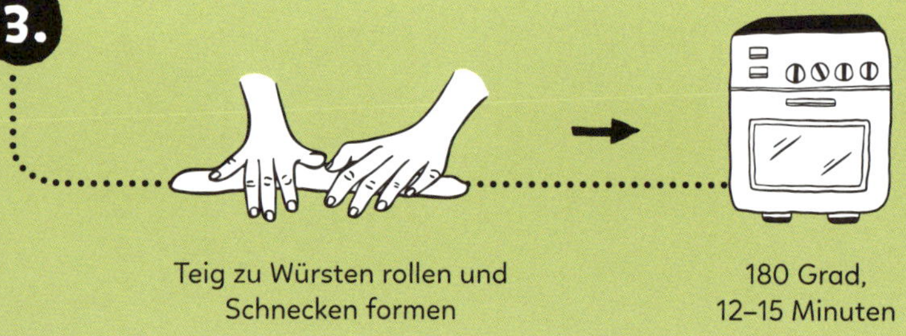

4.

2 1 3

Köstliche
DOMINOSTEINE

32

ZUTATEN: 120 Gramm Butter, 120 Gramm brauner Zucker, 1 Päckchen Vanillezucker, 1 Ei, 250 Gramm Mehl, 50 Gramm gemahlene Mandeln, 1 Teelöffel Zimt, 1 Teelöffel Backpulver, 1 Teelöffel Lebkuchengewürz, Salz, Schokotröpfchen

1.

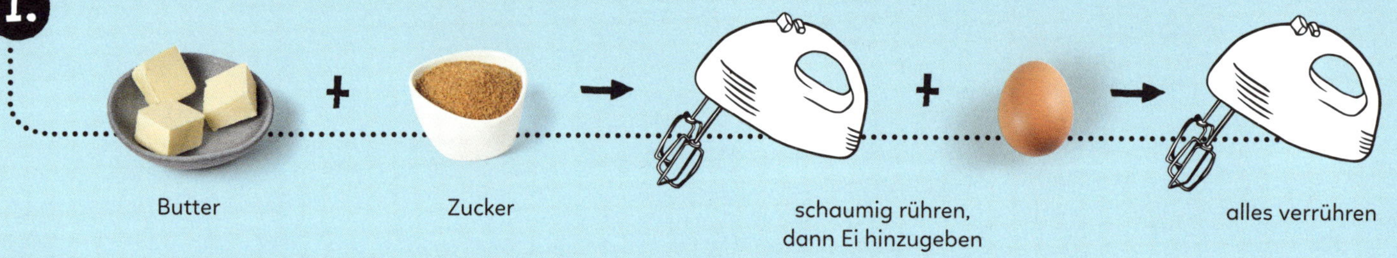

2.

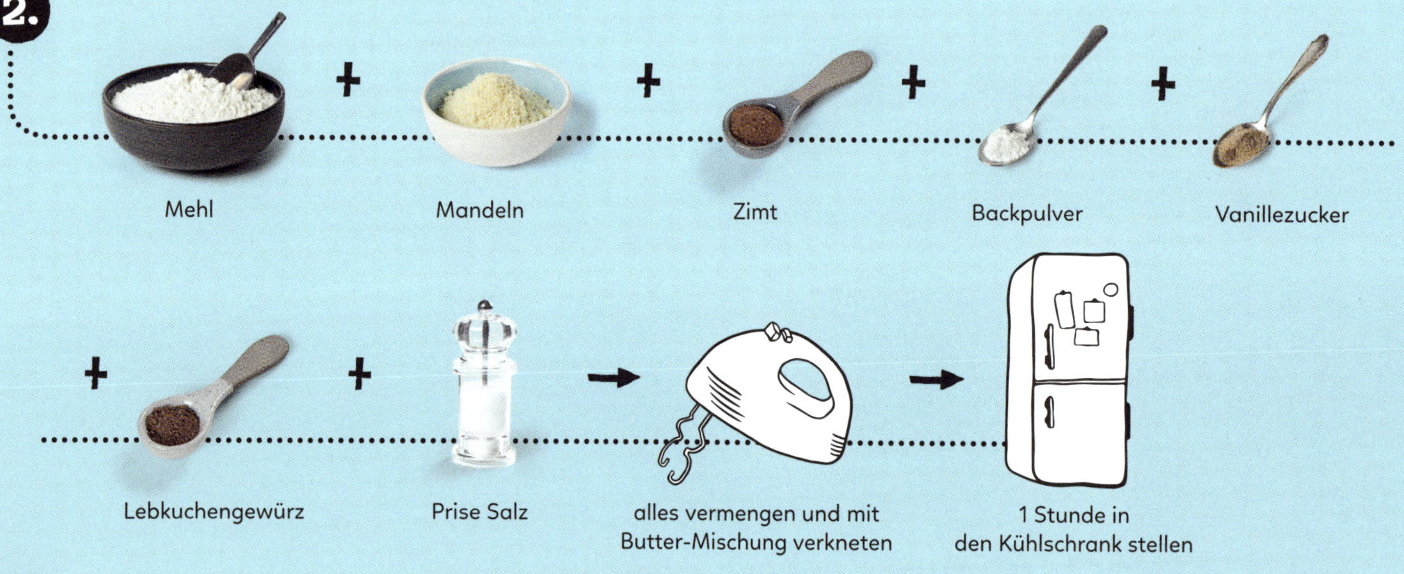

3.

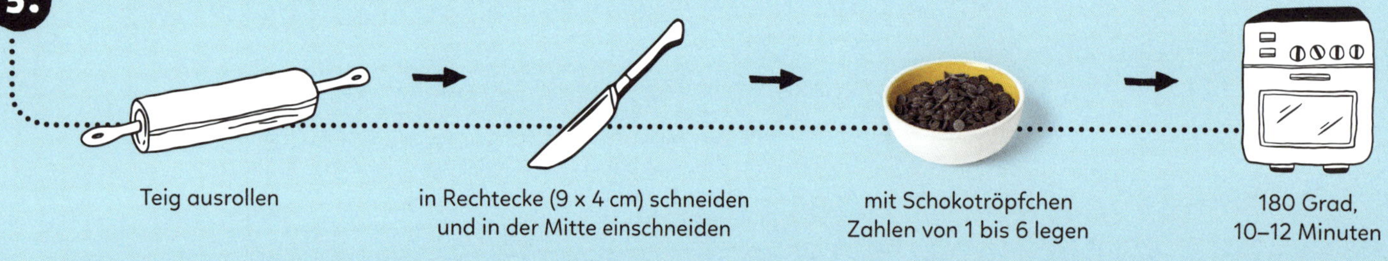

DOMINO
DOMINO

33

Schillernder FISCH

ZUTATEN: 200 Gramm Schmand, 4 Eier, 15 Esslöffel Öl + Öl zum Einfetten, 230 Gramm Zucker, 160 Gramm Mehl + Mehl zum Bestäuben, 100 Gramm gemahlene Haselnüsse, 120 Gramm Kakaopulver, ½ Päckchen Backpulver, 100 Gramm zartbittere Raspelschokolade, Salz, Kuvertüre, Smarties

1.

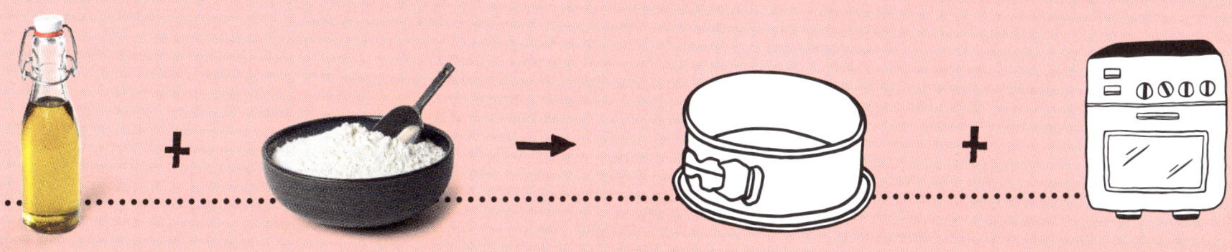

Kuchenform mit Öl einfetten und mit Mehl bestäuben

Backofen auf 180 Grad vorheizen

2.

Schmand + Eier + Öl + Zucker +

Mehl + Kakaopulver + Haselnüsse + Raspelschokolade +

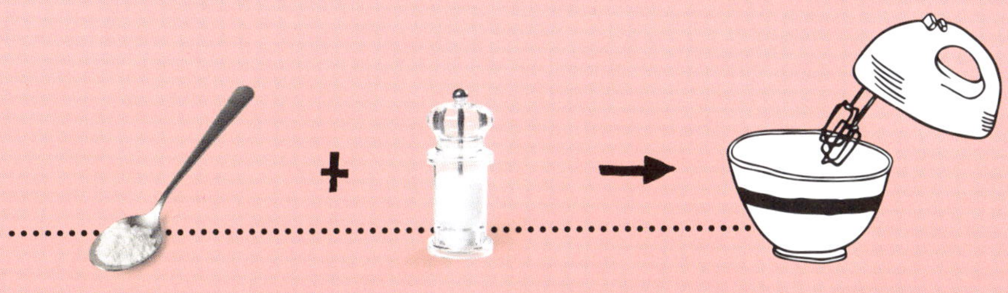

Backpulver + Prise Salz → alles verrühren

→

3.

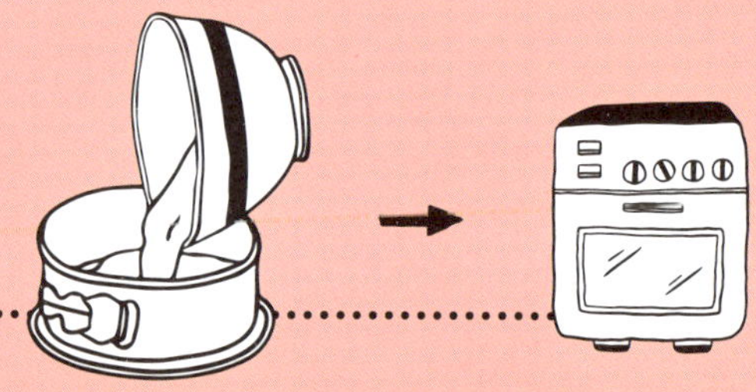

Teig in Kuchenform geben → 180 Grad, etwa 55 Minuten

4.

Maul ausschneiden und als Schwanzflosse anlegen → Kuvertüre schmelzen → Kuchen mit Kuvertüre bestreichen und mit Smarties verzieren

Niedlicher HASE

34

ZUTATEN: 180 Gramm Milchreis, ½ Liter Milch, 3 Teelöffel Mandelstifte, 6 Esslöffel Zucker + 1 Teelöffel Zucker zum Verzieren, 1 Esslöffel Butter, ½ Apfel, 1 Teelöffel Zimt, braune Schokoschrift, Schokotröpfchen

1.

Milchreis 30 Minuten in Wasser einweichen

2.

½ Liter Wasser zum Kochen bringen + Milchreis + Mandelstifte + Milch → unter Rühren aufkochen lassen, dann Hitze reduzieren

3.

sobald der Reis weich ist, Zucker und Butter hinzugeben

4.

gekochten Milchreis in eine Schüssel füllen + Apfel (= Ohren) + Zucker und Zimt (= Bäckchen) + Schokoschrift und Schokotröpfchen (= Schnauze)

Seltsame SALAMI

35

ZUTATEN: 70 Gramm Vollmilch-Schokolade, 100 Gramm Zartbitter-Schokolade, 50 Gramm Butter, 150 Gramm Puderzucker + Puderzucker zum Bestäuben, 60 Gramm Butterkekse, 100 Gramm Mandeln, 60 Gramm ungesalzene Pistazien, Salz, Paketschnur

1.

2.

3.

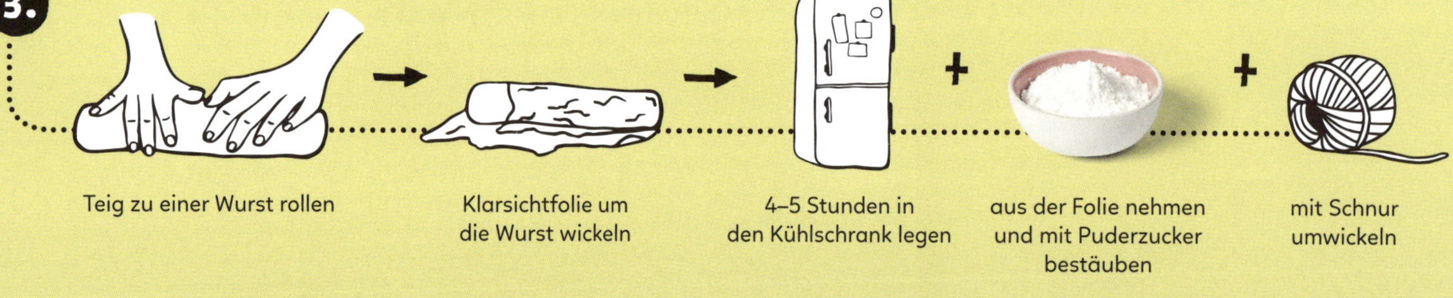

Luftige DRACHEN

36

ZUTATEN: 180 Gramm Honig, 100 Gramm Butter, 80 Gramm Zucker, 350 Gramm Mehl, 1 Ei, 1 Esslöffel Kakao, 1 Esslöffel Zimt, 1 Teelöffel Lebkuchengewürz, 2 Esslöffel Puderzucker, Fruchtgummi-Schnüre, Schokolinsen, Zuckerperlen, Zuckerschrift, Zuckeraugen

1.

Honig + Butter + Zucker → unter Rühren erwärmen +

→ abkühlen lassen und Ei unterrühren

2.

Mehl + Kakao + Zimt + Lebkuchengewürz

→ vermischen → mit Topfinhalt verrühren + → über Nacht abgedeckt in den Kühlschrank stellen

→

3.

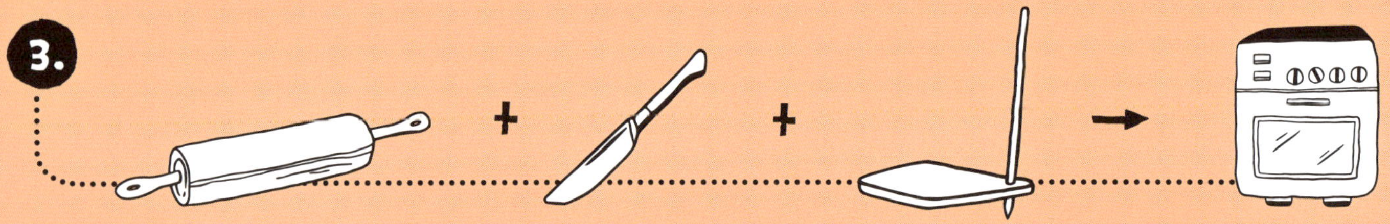

Teig ausrollen + Drachenformen ausschneiden + am unteren Ende ein Loch bohren → 180 Grad, 12–14 Minuten

4.

Puderzucker und Wasser verrühren + Zuckeraugen, Schokolinsen und Zuckerperlen ankleben

5.

Zuckerschrift (= Münder) + Fruchtgummi-Schnüre durch Löcher ziehen

Zarte WÖLKCHEN

37

ZUTATEN: 4 Eiweiß, 200 Gramm Kokosraspel, 180 Gramm Zucker, 1 Päckchen Vanillezucker, 2 Bananen, Johannisbeeren

1.

Eiweiß steif schlagen

Kokosraspel, Zucker und Vanillezucker unterheben

2.

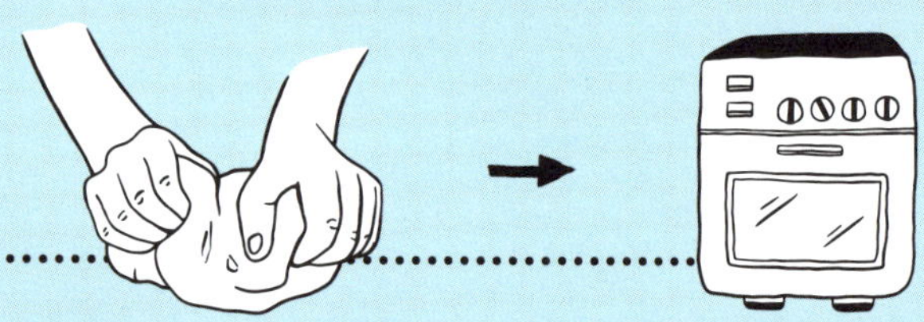

Wolken aus Kokos-Zucker-Masse formen

150 Grad, etwa 20 Minuten

3.

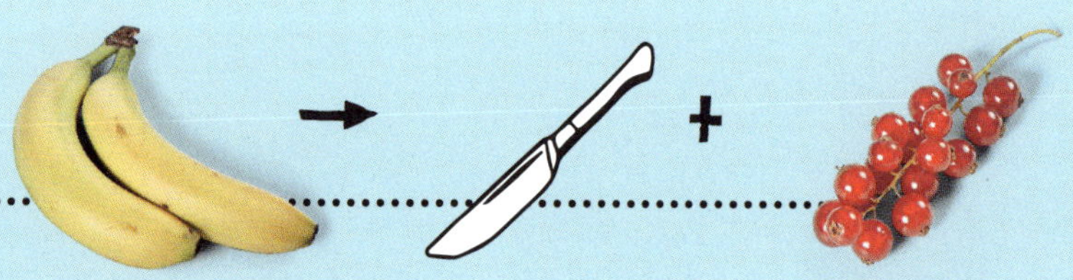

aus Bananen Flugzeug schneiden

Johannisbeeren (= Fenster)

Gruselige HEXENFINGER

38

ZUTATEN:

180 Gramm Butter, 100 Gramm Zucker, 1 Ei, 300 Gramm Mehl, Salz, ungeschälte Mandeln, Erdbeermarmelade

1.

Butter + Zucker + Ei → alles verrühren

2.

Mehl + Prise Salz → vermischen → unter Butter-Zucker-Masse rühren

3.

Teig 30 Minuten kalt stellen → Hexenfinger formen + Marmelade und Mandeln (= Fingernägel) → 180 Grad, 10–12 Minuten

Heller MONDKUCHEN

39

ZUTATEN: 15 Löffelbiskuits, 150 Gramm Butter, 400 Gramm Frischkäse, 200 Milliliter Sahne, 120 Gramm Joghurt, 150 Gramm Zucker, 1 Päckchen Vanillesoße ohne Kochen, 3 Esslöffel Zitronensaft, 1 Päckchen Vanillezucker, 1 Teelöffel gelbe Lebensmittelfarbe, Murmeln und kleine Bälle in unterschiedlichen Größen

1.

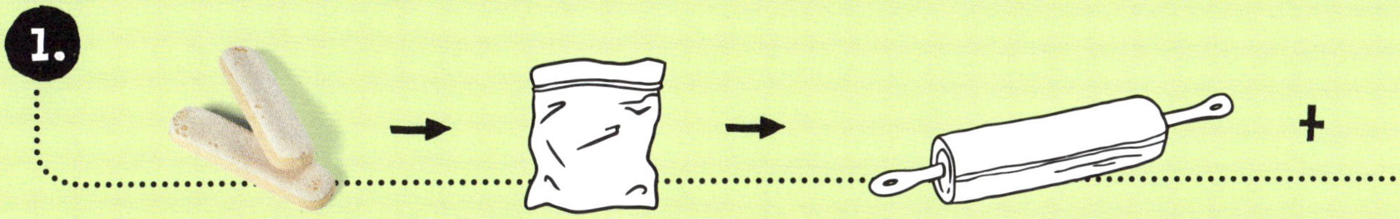

Löffelbiskuits in eine Tüte geben

Biskuits mit einem Nudelholz zerkleinern

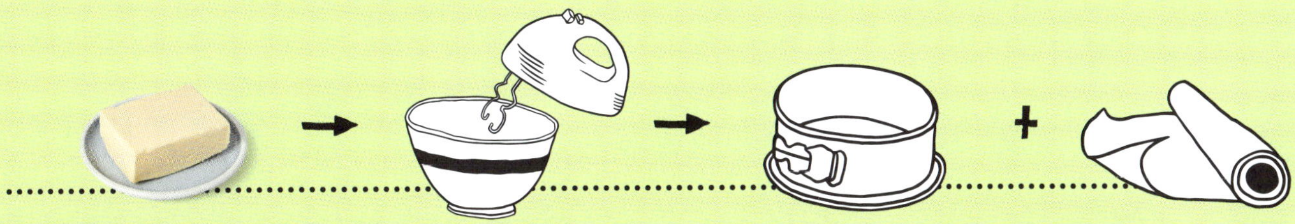

Butter

alles verkneten

Springform mit Backpapier auskleiden, Teig einfüllen

2.

Frischköse

Joghurt

Zucker

Vanillesoßen-Pulver

Zitronensaft

gelbe Lebensmittelfarbe

alles verrühren

3.

Sahne steif schlagen

Sahne unter die Creme heben

Creme in die Springform füllen

Creme zu einer gewölbten Form verstreichen

Kugeln in die Mondoberfläche drücken

mit Vanillezucker bestreuen

1 Stunde in den Kühlschrank stellen

Knuddelige BÄREN

40

ZUTATEN: **FÜR DIE SCHOKOCREME:** 1 Avocado, 1 reife Banane, 3 Teelöffel Kakaopulver
FÜR DIE ERDNUSSBUTTER: 200 Gramm ungesalzene Erdnüsse, 1 Esslöffel Zucker, Salz, 1 Esslöffel Öl
AUSSERDEM: Vollkornbrot, 1 Banane, Blaubeeren

1.

Avocado + Banane + Kakaopulver → alles fein pürieren → das Brot bestreichen + mit Bananenscheiben und Blaubeeren verzieren

2.

Erdnüsse in der Pfanne ohne Fett rösten

3.

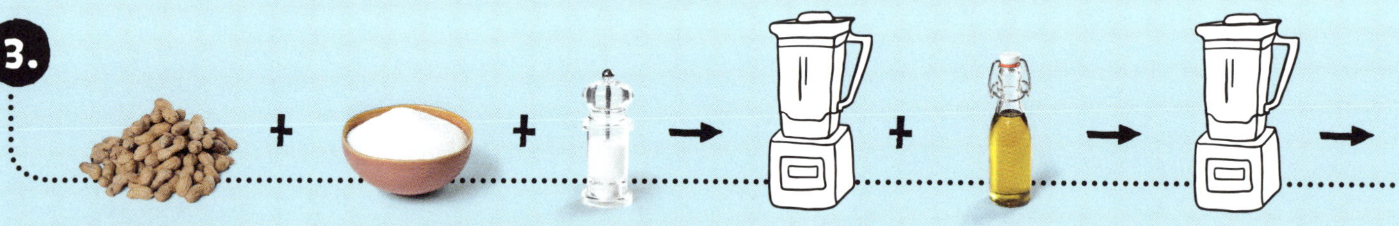

Erdnüsse + Zucker + Prise Salz → alles vermischen und im Mixer zerkleinern + Öl hinzugeben → alles erneut pürieren, bis eine cremige Masse entstanden ist →

das Brot bestreichen + mit Bananenscheiben und Blaubeeren verzieren

Eiskalter CLOWN

41

ZUTATEN: 150 Gramm Erdbeeren, 70 Gramm Puderzucker, 120 Milliliter Milch, 60 Milliliter Sahne, 2 Esslöffel Zitronensaft, Eiswaffeln, Schokolinsen, Zuckerperlen, Zuckerschrift

1.

Erdbeeren + Puderzucker → pürieren + Milch + Zitronensaft → alles verrühren

2.

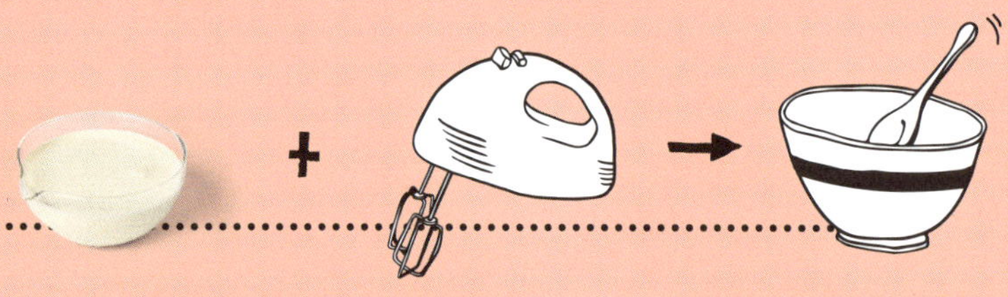

Sahne steif schlagen → unter das Erdbeerpüree rühren

3.

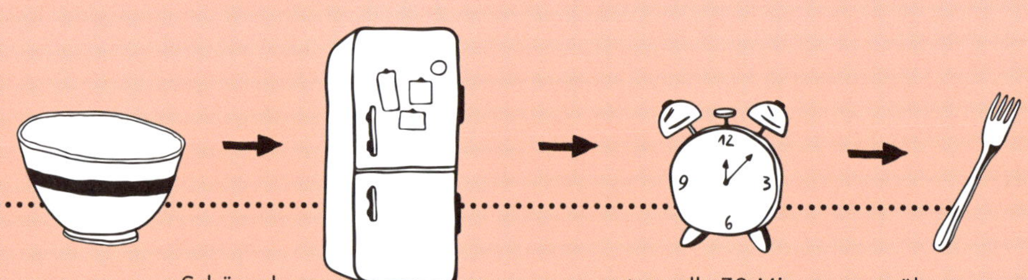

Schüssel in Gefrierschrank stellen → etwa alle 30 Minuten umrühren, bis das Eis fest ist

4.

Eiswaffel auf Eiskugel setzen + Schokolinsen (= Nase) + Zuckerperlen und Zuckerschrift (= Augen und Hut-Deko)